AF558928

im halblichten geäst deines atems

ULRIKE BAIL

GEDICHTE

CONTE

Bibliografische Information der Deutschen Nationalbibliothek
Die Deutsche Nationalbibliothek verzeichnet diese Publikation
in der Deutschen Nationalbibliografie; detaillierte bibliografische
Daten sind im Internet über http://dnb.d-nb.de abrufbar.

ISBN 978-3-95602-266-1

Das Werk einschließlich aller seiner Teile ist urheberrechtlich geschützt.
Jede Verwertung ist ohne Zustimmung des Verlags unzulässig.
Dies gilt insbesondere für Vervielfältigungen, Übersetzungen,
Mikroverfilmungen und die Einspeicherung und Verarbeitung
in elektronischen Systemen.

© Conte Verlag, 2023
Am Rech 14
66386 St. Ingbert
Tel: (06894) 1664163
E-Mail: info@conte-verlag.de
Verlagsinformationen im Internet unter www.conte-verlag.de

Die in den Collagen verwendeten Fotografien stammen von Ulrike Bail.
Die Fotografien der Collagen selbst wurden vom Luxemburger
Fotografen Vic Fischbach erstellt.

Umschlag und Satz: Markus Dawo
Druck und Bindung: Conte, St. Ingbert

den verlust vergraben unter den wurzeln
der grauen buchen stopfen in verworfene
flaschen ins moos einflechten mit fäden
aus vogelstimmen hängen ins weiche geäst
als wäre **bambësch** zu flüstern
beim wurzelhaar unter den pilzen

(Ulrike Bail, statt einer ankunft, Conte 2021)

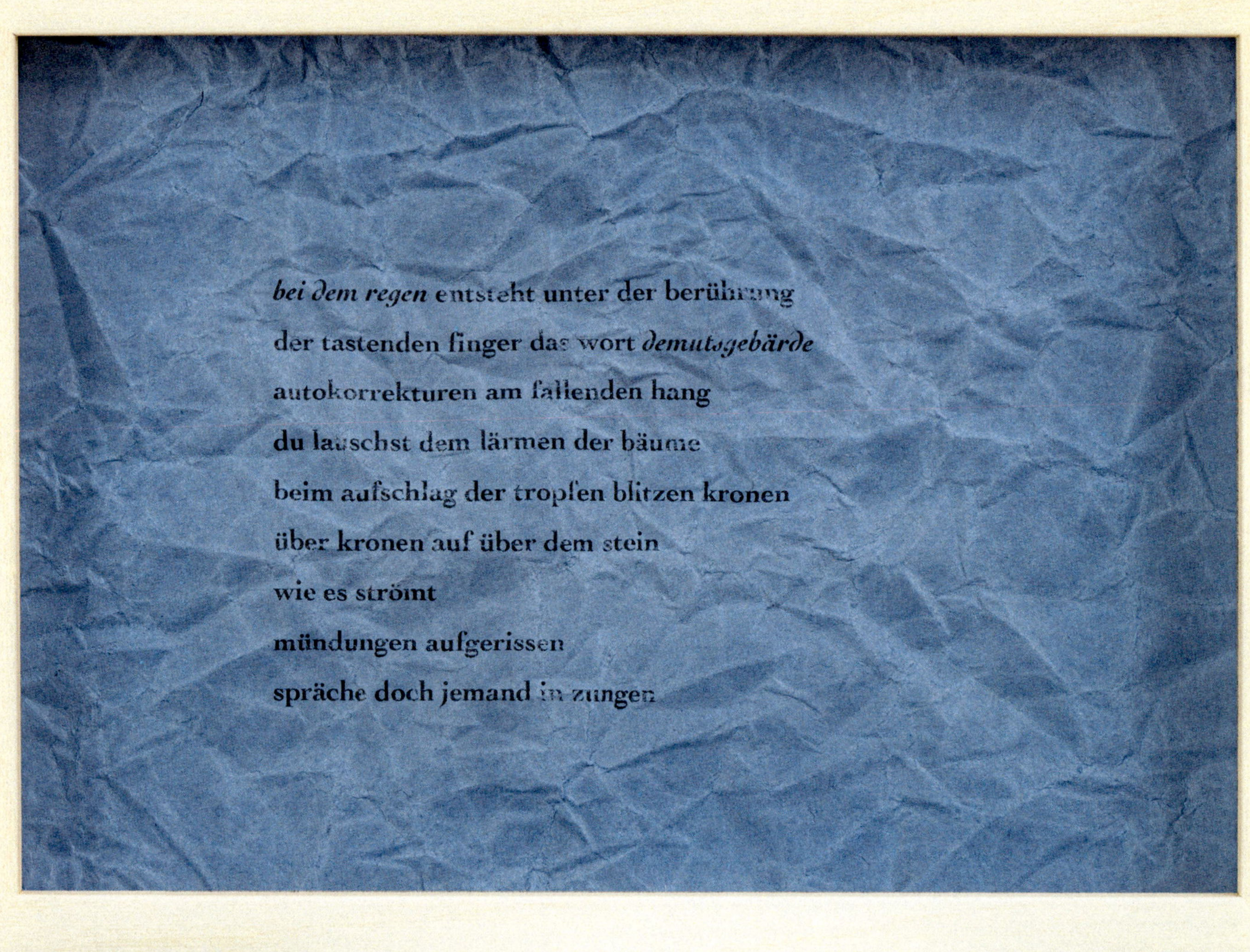
bei dem regen entsteht unter der berührung
der tastenden finger das wort *demutsgebärde*
autokorrekturen am fallenden hang
du lauschst dem lärmen der bäume
beim aufschlag der tropfen blitzen kronen
über kronen auf über dem stein
wie es strömt
mündungen aufgerissen
spräche doch jemand in zungen

bei dem regen entsteht unter der berührung
der tastenden finger das wort *demutsgebärde*
autokorrekturen am fallenden hang
du lauschst dem lärmen der bäume
beim aufschlag der tropfen blitzen kronen
über kronen auf über dem stein
wie es strömt
mündungen aufgerissen
spräche doch jemand in zungen

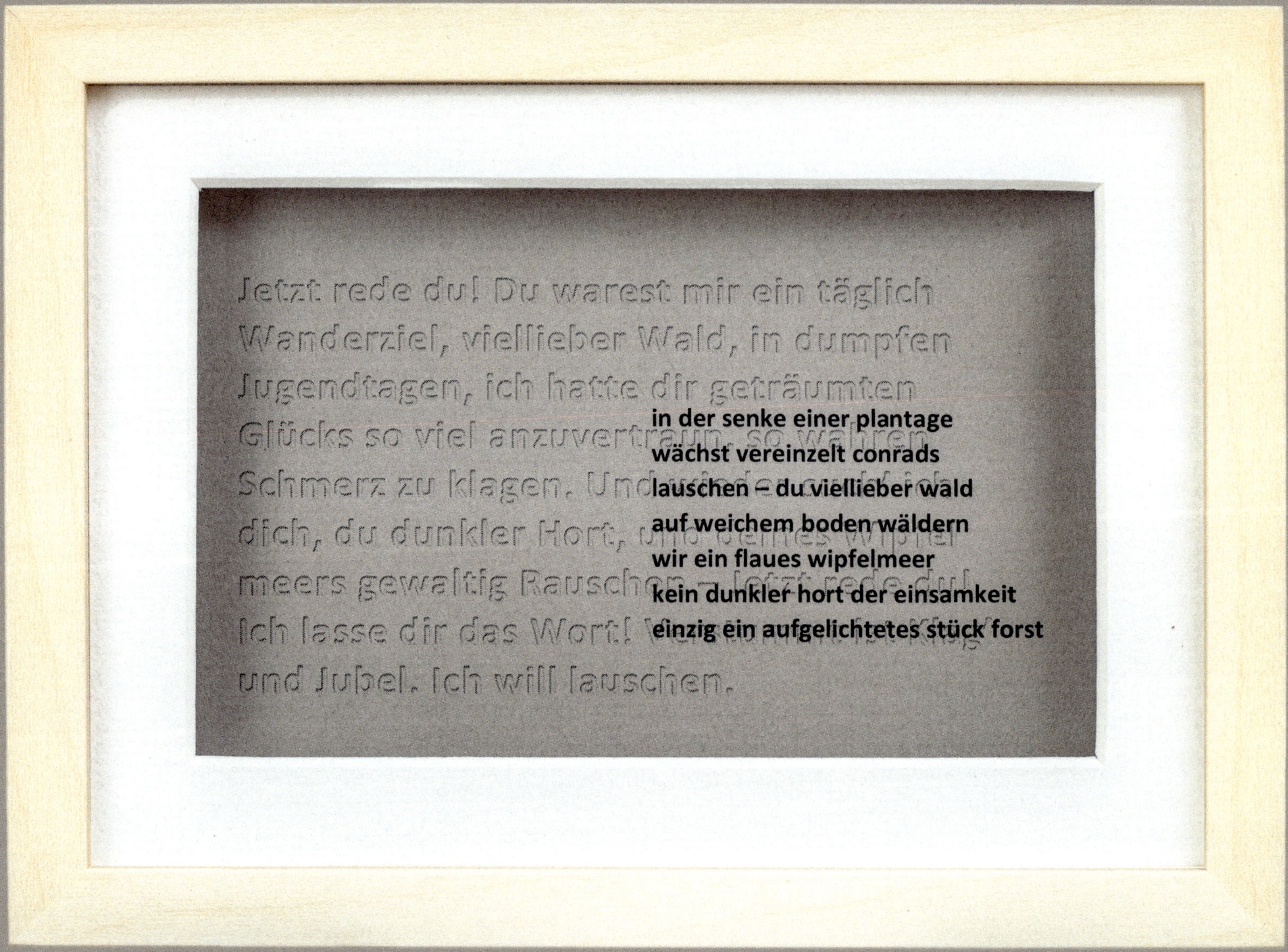

Jetzt rede du! Du warest mir ein täglich
Wanderziel, viellieber Wald, in dumpfen
Jugendtagen, ich hatte dir geträumten
Glücks so viel anzuvertraun, so wahren
Schmerz zu klagen. Und [illegible]
dich, du dunkler Hort, und deines Wipfel
meers gewaltig Rauschen – Jetzt rede du!
Ich lasse dir das Wort! [illegible]
und Jubel. Ich will lauschen.

in der senke einer plantage
wächst vereinzelt conrads
lauschen – du viellieber wald
auf weichem boden wäldern
wir ein flaues wipfelmeer
kein dunkler hort der einsamkeit
einzig ein aufgelichtetes stück forst

in der senke einer plantage
wächst vereinzelt conrads
lauschen – *du viellieber wald*
auf weichem boden wäldern
wir ein flaues *wipfelmeer*
kein *dunkler hort* der einsamkeit
einzig ein aufgelichtetes stück forst

in fetzen fällt borke zu boden / steht ein schaben wie zeichen / in der luft ein schneiden / nadeln
geschichtet wie weiche / auslegware die ruder zerbrochen / vergebens setzt du ein segel / ins ka le geäst

in fetzen fällt borke zu boden
steht ein schaben wie zeichen
in der luft ein schneiden
nadeln geschichtet wie weiche
auslegware die ruder zerbrochen
vergebens setzt du ein segel
ins kahle geäst

in der fichtenplantage sitzt du auf dem
boden um dich verteilt aufgeschlagene
bücher rindenstücke bedruckt mit zeilen
welche mit den sonderbar gestalteten buchstaben
der morgenländer große ähnlichkeit haben
ips typographus werden jene drucker genannt
die im harzfluss zwischen borke und stamm
ihre *frasz zeichen* setzen als sterbebegleiter
wissen sie um die wendung und auch im totholz
erklingt die stimmgabel in deren nachklang
du die linien liest

in der fichtenplantage sitzt du auf dem
boden um dich verteilt aufgeschlagene
bücher rindenstücke bedruckt mit zeilen
welche mit den sonderbar gestalteten buchstaben
der morgenländer große ähnlichkeit haben
ips typographus werden jene drucker genannt
die im harzfluss zwischen borke und stamm
ihre *frasz zeichen* setzen als sterbebegleiter
wissen sie um die wendung und auch im totholz
erklingt die stimmgabel in deren nachklang
du die linien liest

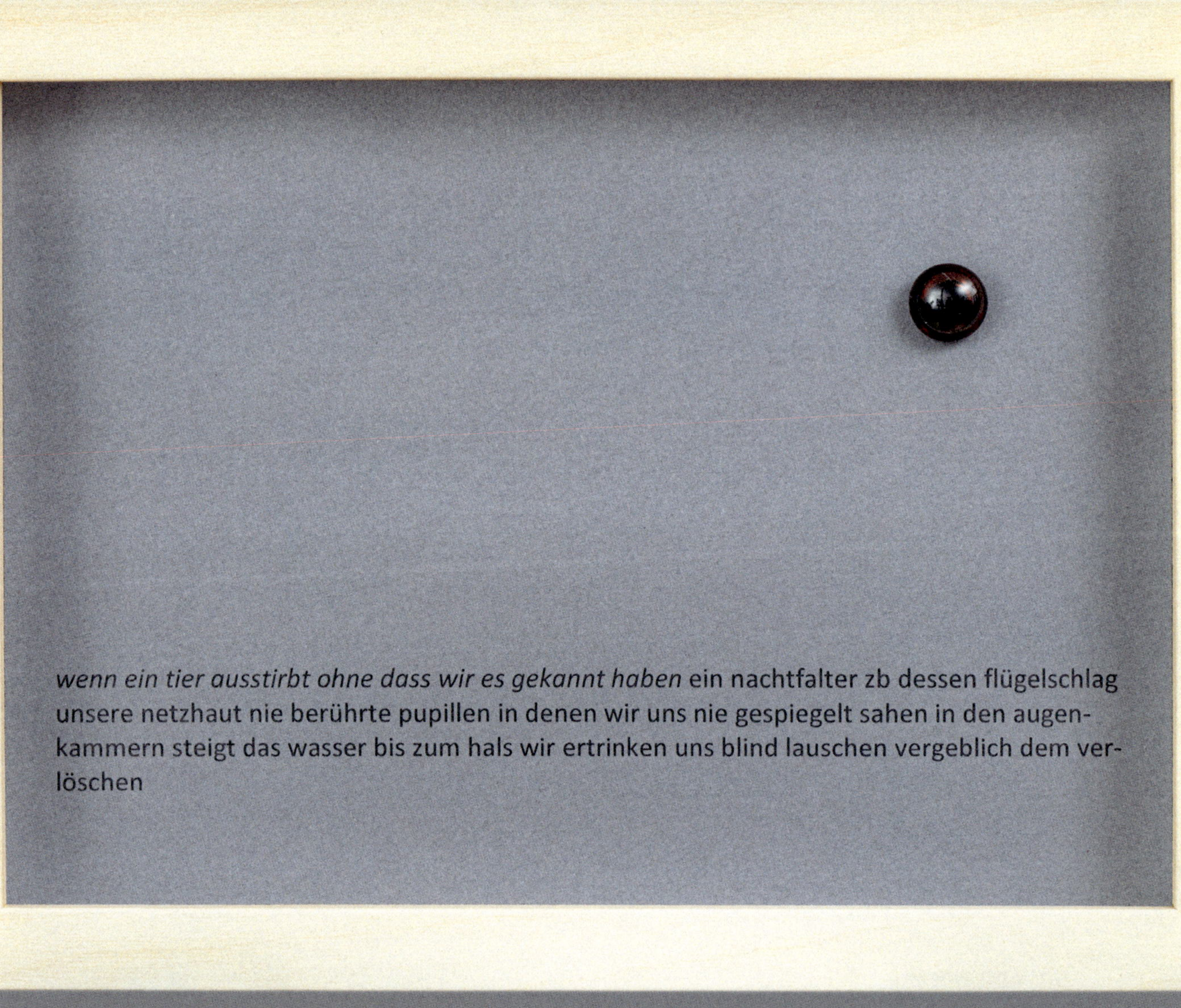
wenn ein tier ausstirbt ohne dass wir es gekannt haben ein nachtfalter zb dessen flügelschlag
unsere netzhaut nie berührte pupillen in denen wir uns nie gespiegelt sahen in den augenkammern steigt das wasser bis zum hals wir ertrinken uns blind lauschen vergeblich dem verlöschen

wenn ein tier ausstirbt
ohne dass wir es gekannt haben
ein nachtfalter zb dessen flügelschlag
unsere netzhaut nie berührte pupillen
in denen wir uns nie gespiegelt sahen
in den augenkammern steigt das wasser
bis zum hals wir ertrinken uns blind
lauschen vergeblich dem verlöschen

Weisses Fingerkraut, Potentilla alba.

mit locker trugdoldigem blütenstand / flaniert das weiße
fingerkraut durch / die saumgesellschaften der nacht /
potentilla alba die bienenweidige / flüstern sie hinter
vorgehaltenem licht / die rosenartige gefährdete / als hätten
sie längst schon ihren nachruf / auf magerwiesen gesetzt

mit locker trugdoldigem blütenstand
flaniert das weiße fingerkraut durch
die saumgesellschaften der nacht
potentilla alba die bienenweidige
flüstern sie hinter vorgehaltenem licht
die rosenartige gefährdete
als hätten sie längst schon ihren
nachruf auf magerwiesen gesetzt

im august gingen die
bäume herbstwärts
sie stellten die herstellung
des zuckers ein schlossen
die münder warfen die blätter
wie schindeln vom dach
wir folgten dem rascheln
des laubs vielleicht
weinten wir nicht genug

im august gingen die bäume herbstwärts
sie stellten die herstellung des zuckers ein
schlossen die münder warfen die blätter
wie schindeln vom dach
wir folgten dem rascheln des laubs
vielleicht weinten wir nicht genug

die beurteilung eines baumes vor der
fällung wird baumansprache genannt
eine zielansprache die nach totästen
sturmschäden wipfeldürren kronen
stammfäule und wunden sucht
mittels fallkerb und fallschnitt wird
der hieb zwecks läuterung gesetzt
der fallende baum verzeihe fehler nicht
im fallen noch räche er sich am menschen

die beurteilung eines baumes vor der
fällung wird baumansprache genannt
eine zielansprache die nach totästen
sturmschäden wipfeldürren kronen
stammfäule und wunden sucht
mittels fallkerb und fallschnitt wird
der hieb zwecks läuterung gesetzt
der fallende baum verzeihe fehler nicht
im fallen noch räche er sich am menschen

nebel wächst zwischen den stämmen wächst in die hände gleitet ins
gelände taucht ein ins feuchtfette laub teilen birken das winterwasser
mit pilzen wurzeln moos tasten wir die verstörenden rückegassen entlang

nebel wächst zwischen den stämmen
wächst in die hände gleitet ins gelände
taucht ein ins feuchtfette laub teilen birken
das winterwasser mit pilzen wurzeln moos
tasten wir die verstörenden rückegassen entlang

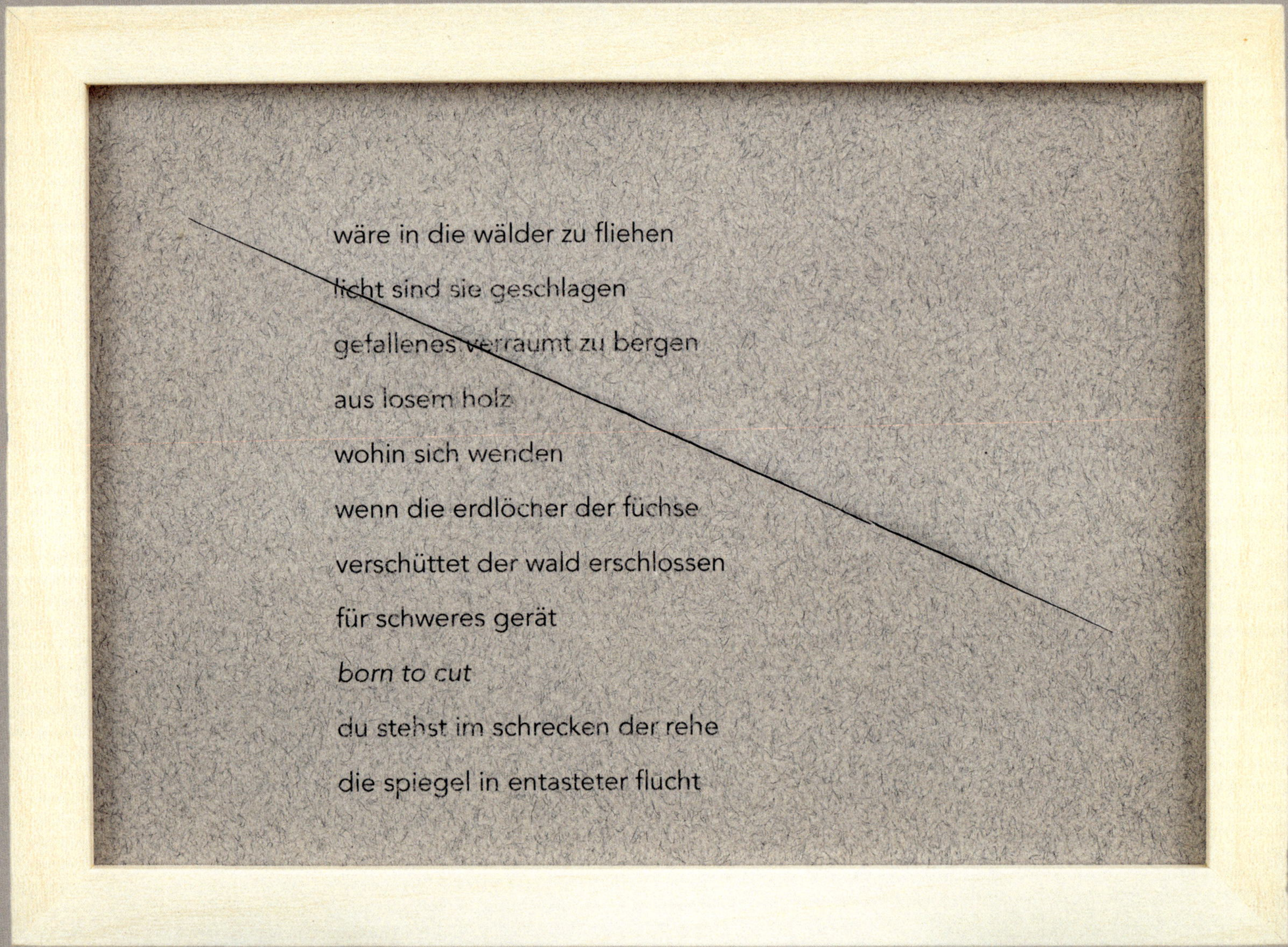

wäre in die wälder zu fliehen
licht sind sie geschlagen
gefallenes verraumt zu bergen
aus losem holz
wohin sich wenden
wenn die erdlöcher der füchse
verschüttet der wald erschlossen
für schweres gerät
born to cut
du stehst im schrecken der rehe
die spiegel in entasteter flucht

wäre in die wälder zu fliehen
licht sind sie geschlagen
gefallenes verraumt zu bergen
aus losem holz
wohin sich wenden
wenn die erdlöcher der füchse
verschüttet der wald erschlossen
für schweres gerät
born to cut
du stehst im schrecken der rehe
die spiegel in entasteter flucht

bestockungsfreie wege
bis ins gras aufgelichtet
ein netz verdichteter särge
durchziehen die holzbodenflächen
auf denen zu tanzen wäre
bis eine düsternis entstünde
die kronen sich wieder schlössen

take the light

there are no humans
any more

bestockungsfreie wege
bis ins gras aufgelichtet
ein netz verdichteter särge
durchziehen die holzbodenflächen
auf denen
zu tanzen wäre
bis eine düsternis entstünde
die kronen sich wieder schlössen

take the light
there are no humans
any more

und als der frühling kommt ins land
wünscht es als wurzelkind aufzuwachen
mit wirrem haar blüten zu flechten ins
wurzelhaar hummeln und erdwespen
sorgsam zu kämmen mit glänzenden
käfern hervorzubrechen *frohlockend*
maiglöckchen zu sein
der demut abträgliche schneetropfen
weiß im wald unter dichtem grün

und als der frühling kommt ins land
wünscht es als wurzelkind aufzuwachen
mit wirrem haar blüten zu flechten ins
wurzelhaar hummeln und erdwespen
sorgsam zu kämmen mit glänzenden
käfern hervorzubrechen *frohlockend*
maiglöckchen zu sein
der demut abträgliche schneetropfen
weiß im wald unter dichtem grün

am wegrand ungeduldig nach
ausbruchsbereiten kapseln jener
kniehohen pflanzen suchen
die ihre samen ins erschrecken
schleudern berührst du sie leicht
impatiens parviflora
balsamine à petites fleurs
kleinblütiges springkraut
kräitche réier-mech-net-un
außerhalb des gartens katapultierst
du dich vor und zurück
irritierend leicht

am wegrand ungeduldig nach
ausbruchsbereiten kapseln jener
kniehohen pflanzen suchen
die ihre samen ins erschrecken
schleudern berührst du sie leicht
impatiens parviflora
balsamine à petites fleurs
kleinblütiges springkraut
kräitche réier-mech-net-un
außerhalb des gartens katapultierst
du dich vor und zurück
irritierend leicht

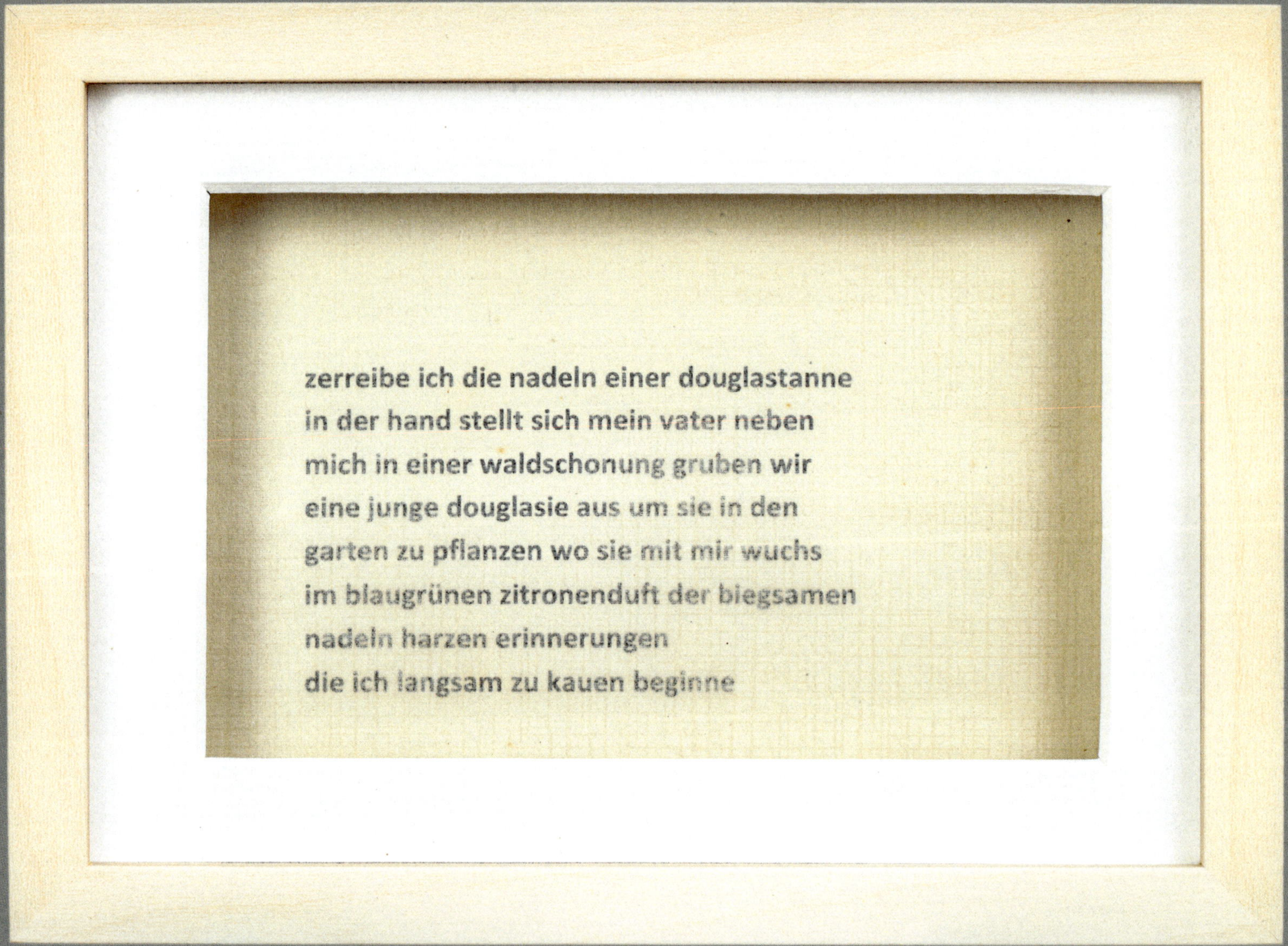

zerreibe ich die nadeln einer douglastanne
in der hand stellt sich mein vater neben
mich in einer waldschonung gruben wir
eine junge douglasie aus um sie in den
garten zu pflanzen wo sie mit mir wuchs
im blaugrünen zitronenduft der biegsamen
nadeln harzen erinnerungen
die ich langsam zu kauen beginne

zerreibe ich die nadeln einer douglastanne
in der hand stellt sich mein vater neben
mich in einer waldschonung gruben wir
eine junge douglasie aus um sie in den
garten zu pflanzen wo sie mit mir wuchs
im blaugrünen zitronenduft der biegsamen
nadeln harzen erinnerungen
die ich langsam zu kauen beginne

wenn der wald dunkel

wie verlorene krummen

wie vogelschnabel

wie asche

wenn viel tausend vöglein

zerbrechliche knochen

wenn holz schlägt gegen den stamm

wenn *eine Weibes-Person bei der*

äusserst drängenden Hungers-Noth

ihr eigenes Kind –

wenn es so finster und auch so bitterkalt

wenn der wald dunkel
wie verlorene krummen
wie vogelschnabel
wie asche
wenn viel tausend vöglein
zerbrechliche knochen
wenn holz schlägt gegen den stamm
wenn *eine Weibes-Person bei der*
äusserst drängenden Hungers-Noth
ihr eigenes Kind –
wenn es so finster und auch so bitterkalt

wie sähen wir aus
wären wir *zu lange im wald geblieben*
hätten zu lange im moos geschlafen uns
rinden über die blößen gezogen ins bemoost
verwachsen wie moder wie tanz in kopflosen
windwürfen die jahre beringt auf richtung
und lichtung verzichtet auf ziehen und
mahnen wir spürten den wald bis ins mark
gekrochen bäuchlings in rinde und schorf

wie sähen wir aus
wären wir *zu lange im wald geblieben*
hätten zu lange im moos geschlafen uns
rinden über die blößen gezogen ins bemoost
verwachsen wie moder wie tanz in kopflosen
windwürfen die jahre beringt auf richtung
und lichtung verzichtet auf ziehen und
mahnen wir spürten den wald bis ins mark
gekrochen bäuchlings in rinde und schorf

flüchtig die samen im flug
waldengelwurz hundspetersilie schierling
du sammelst die goldgrün
metallischen körper der fliegen
trägst das schaf über den strand

wer hütet den blauen himmel

flüchtig die samen im flug
waldengelwurz hundspetersilie schierling
du sammelst die goldgrün
metallischen körper der fliegen
trägst das schaf über den strand
wer hütet den blauen himmel

zerstreutporig liegen die töne
in deiner hand wurzelnd im
halblichten geäst deines atems
elsbeeren schmecktest du
waren sie leibschmerzlindernd
aschgrau legt borke sich
um deine angst
auch deine blätter sind am rand
scharf gesägt

zerstreutporig liegen die töne
in deiner hand wurzelnd im
halblichten geäst deines atems
elsbeeren schmecktest du
waren sie leibschmerzlindernd
aschgrau legt borke sich
um deine angst
auch deine blätter sind am rand
scharf gesägt

ob es *deiwel* gebe

die zunge noch in der nacht

das herz und das haar

mit konsonanten so weich

als wären die vokale an allem schuld

den erlen am wasser dem sinken

den gespinsten wie von weiß

zwischen den engen

dem ach

ob es *deiwel* gebe
die zunge noch in der nacht
das herz und das haar
mit konsonanten so weich
als wären die vokale an allem schuld
den erlen am wasser dem sinken
den gespinsten wie von weiß
zwischen den engen
dem ach

du nennst dein haus
waldflucht
unter dem regen
aufgeblättertes holz
ein wispern die wände entlang
wachsen im mai die tage oval
schließt der wald seine flanken

du nennst dein haus
waldflucht
unter dem regen
aufgeblättertes holz
ein wispern die wände entlang
wachsen im mai die tage oval
schließt der wald seine flanken

was
heißt
hier
schon
glück

dunkel
geworfene
wälder
dem
waldboden
entrissen
die
himmel
windwurf
ungeräumt
totholz
träumt
vom
salamander

was heißt hier schon glück

dunkel geworfene wälder
dem waldboden entrissen
die himmel windwurf ungeräumt
totholz träumt vom salamander

was plankton vom wald erzählt in die flüsse eingeschwemmt flöße
aus sturmholz von lautlosen geistern bewohnt totholz über grund
spült es die ufer stromschnellen hin treibholz in gezeiten triftiges
gut am meeresboden versunken oasen für muschel und mensch

was plankton vom wald erzählt
in die flüsse eingeschwemmt flöße
aus sturmholz von lautlosen geistern
bewohnt totholz über grund spült es
die ufer stromschnellen hin treibholz
in gezeiten triftiges gut am meeresboden
versunken oasen für muschel und mensch

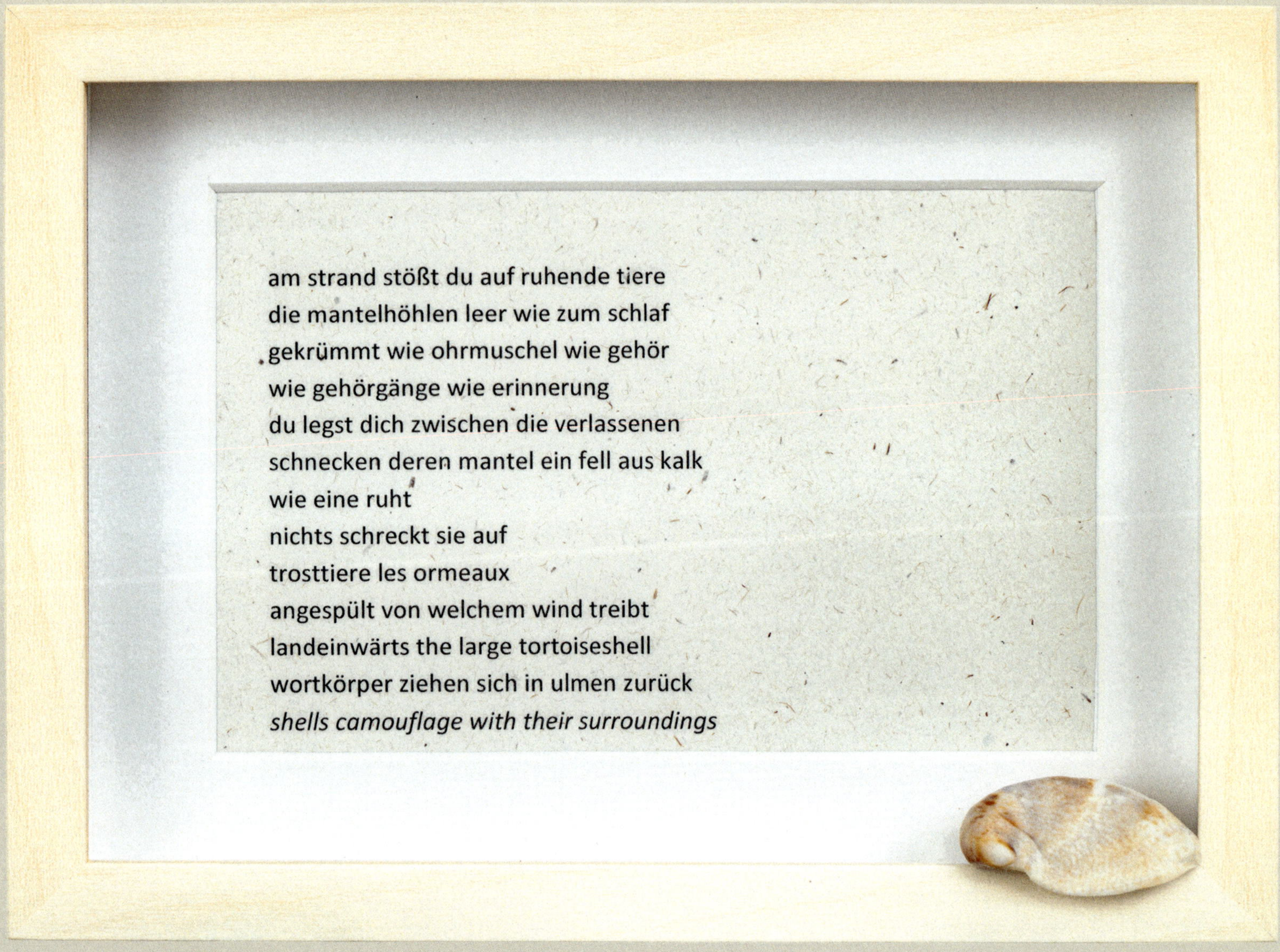

am strand stößt du auf ruhende tiere
die mantelhöhlen leer wie zum schlaf
gekrümmt wie ohrmuschel wie gehör
wie gehörgänge wie erinnerung
du legst dich zwischen die verlassenen
schnecken deren mantel ein fell aus kalk
wie eine ruht
nichts schreckt sie auf
trosttiere les ormeaux
angespült von welchem wind treibt
landeinwärts the large tortoiseshell
wortkörper ziehen sich in ulmen zurück
shells camouflage with their surroundings

am strand stößt du auf ruhende tiere
die mantelhöhlen leer wie zum schlaf
gekrümmt wie ohrmuschel wie gehör
wie gehörgänge wie erinnerung
du legst dich zwischen die verlassenen
schnecken deren mantel ein fell aus kalk
wie eine ruht
nichts schreckt sie auf
trosttiere les ormeaux
angespült von welchem wind treibt
landeinwärts the large tortoiseshell
wortkörper ziehen sich in ulmen zurück
shells camouflage with their surroundings

im abklingenden licht begegnet uns
im wald bei den dünen ein damhirsch
nasse rinde das fell die unwucht der
bäume verwucherungen auf schmerz
grenzen hinunter geschlagen mit
scharfem metall holz für den krieg
gekrönt im geweih erinnertes übertönt
das branden der wellen windschatten
tief über den flanken scharrt er mit
den hufen zählt was gebricht

im abklingenden licht begegnet uns
im wald bei den dünen ein damhirsch
nasse rinde das fell die unwucht der
bäume verwucherungen auf schmerz
grenzen hinunter geschlagen mit
scharfem metall holz für den krieg
gekrönt im geweih erinnertes übertönt
das branden der wellen windschatten
tief über den flanken scharrt er mit
den hufen zählt was gebricht

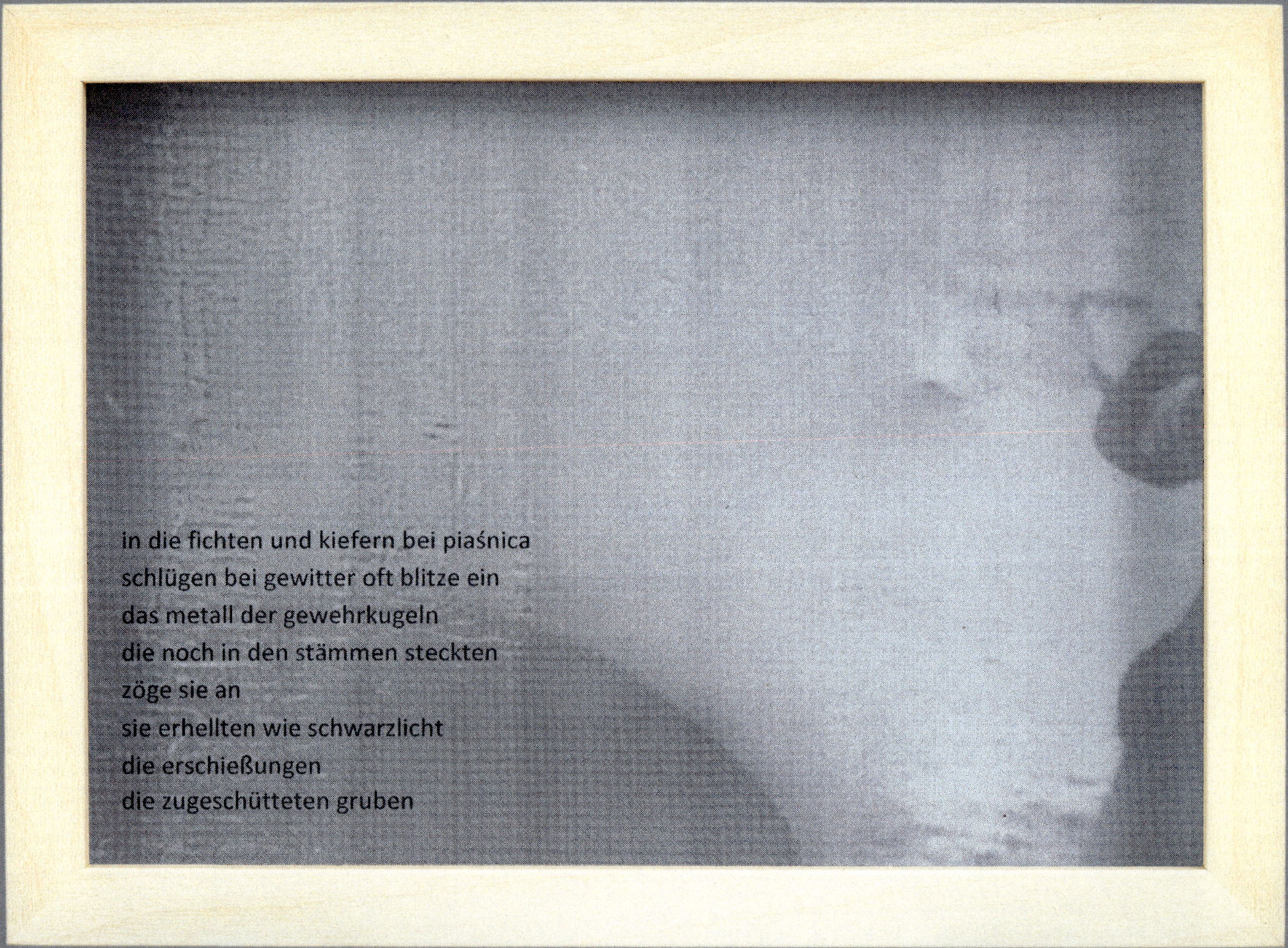

in die fichten und kiefern bei piaśnica
schlügen bei gewitter oft blitze ein
das metall der gewehrkugeln
die noch in den stämmen steckten
zöge sie an
sie erhellten wie schwarzlicht
die erschießungen
die zugeschütteten gruben

in die fichten und kiefern bei piaśnica
schlügen bei gewitter oft blitze ein
das metall der gewehrkugeln
die noch in den stämmen steckten
zöge sie an
sie erhellten wie schwarzlicht
die erschießungen
die zugeschütteten gruben

der krieg beugt die namen
versplittertes holz über dem vögel
und verhältniswörter verwehen
du fragst nach den verstecken des zaunkönigs
liest die gewölle der raben herausgewürgte
klagelieder untröstlich
wohin mit all den trümmern

der krieg beugt die namen
versplittertes holz über dem vögel
und verhältniswörter verwehen
du fragst nach den verstecken des zaunkönigs
liest die gewölle der raben herausgewürgte
klagelieder untröstlich

wohin mit all den trümmern

auf leuchtmoos legte ich eine fotografie
aus dem *archive of modern conflicts*
sie zeigt einen mächtigen baum
about 70 yards west of shambles oak
jener eiche die 1913 von erholungssuchenden
in brand gesetzt um eine generation später
endgültig in sich zusammenzubrechen

ich befragte das moos
welchen abstand es brauche
um verschont zu bleiben
ob siebzig mal drei fuß genügten
und in welche richtung

Shambles Oak

auf leuchtmoos legte ich eine fotografie
aus dem *archive of modern conflicts*
sie zeigt einen mächtigen baum
about 70 yards west of shambles oak
jener eiche die 1913 von erholungssuchenden
in brand gesetzt um eine generation später
endgültig in sich zusammenzubrechen

ich befragte das moos
welchen abstand es brauche
um verschont zu bleiben
ob siebzig mal drei fuß genügten
und in welche richtung

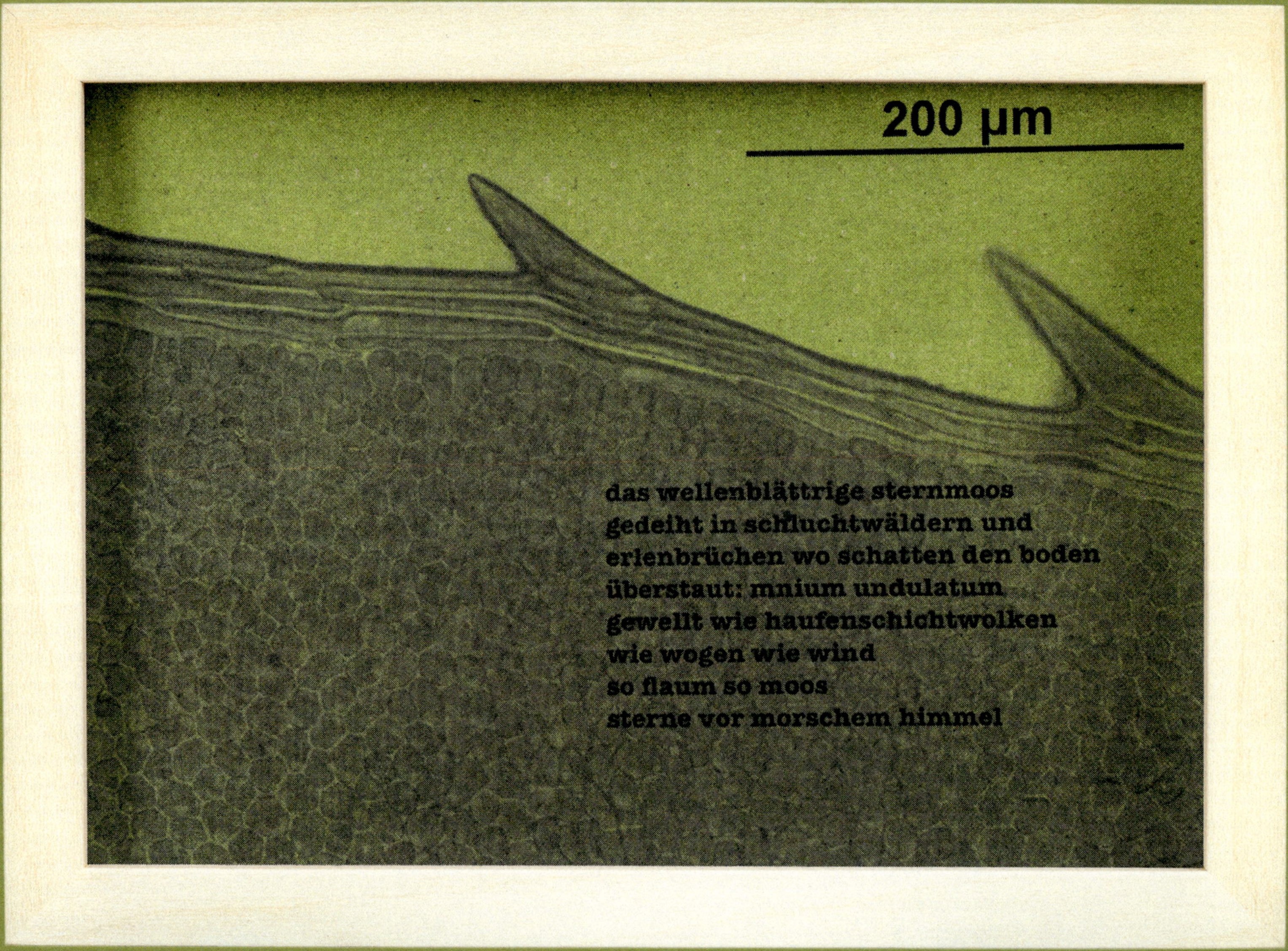

200 µm

das wellenblättrige sternmoos
gedeiht in schluchtwäldern und
erlenbrüchen wo schatten den boden
überstaut: mnium undulatum
gewellt wie haufenschichtwolken
wie wogen wie wind
so flaum so moos
sterne vor morschem himmel

das wellenblättrige sternmoos
gedeiht in schluchtwäldern und
erlenbrüchen wo schatten den boden
überstaut: mnium undulatum
gewellt wie haufenschichtwolken
wie wogen wie wind
so flaum so moos
sterne vor morschem himmel

wo das sichellebermoos verschwand
scheinen bei diesigem wetter über
bergwiesen quellfluren im hochland
elephanten frei zu schweben
sollte das moos dort wiederkehren
das moos mit der im namen
festgehaltenen qual harpanthus
griechisch blüte und sichel
stachel mit einem widerhaken
zum lenken der elephanten fügt
das etymologische wörterbuch der
botanischen pflanzennamen hinzu
die grauen tiere würden flüchten

wo das sichellebermoos verschwand
scheinen bei diesigem wetter über
bergwiesen quellfluren im hochland
elephanten frei zu schweben
sollte das moos dort wiederkehren
das moos mit der im namen
festgehaltenen qual *harpanthus*
griechisch *blüte* und *sichel*
stachel mit einem widerhaken
zum lenken der elephanten fügt
das etymologische wörterbuch der
botanischen pflanzennamen hinzu
die grauen tiere würden flüchten

in trockenen zeiten zieht moos sich zurück
als tagträumte es dem warten auf wasser
ergeben in engelsgleicher geduld
seinen flügelzellen ist dunst und tau
und jeder regentropfen verfallen
ein minimalistisches design der verführung

in trockenen zeiten zieht moos sich zurück
als tagträumte es dem warten auf wasser
ergeben in engelsgleicher geduld

seinen flügelzellen ist dunst und tau
und jeder regentropfen verfallen
ein minimalistisches design der verführung

auf rohen dielen verlegten gesten auf die spur kommen
im unterholz wildwechseln folgen waldnachtschatten
in den augen windböen und dunkle lust

auf rohen dielen verlegten
gesten auf die spur kommen
im unterholz wildwechseln folgen
waldnachtschatten in den augen
windböen und dunkle lust

wenn wir uns berühren wachsen birkenschösslinge um uns helles licht in
das wir eintauchen wie in einen langgezogenen see boote aus birkenrinde
legen bei uns an lichthungrig schimmernd im weiß der spiegelrinde

wenn wir uns berühren wachsen birkenschösslinge
um uns helles licht in das wir eintauchen
wie in einen langgezogenen see
boote aus birkenrinde legen bei uns an
lichthungrig schimmernd im weiß der spiegelrinde

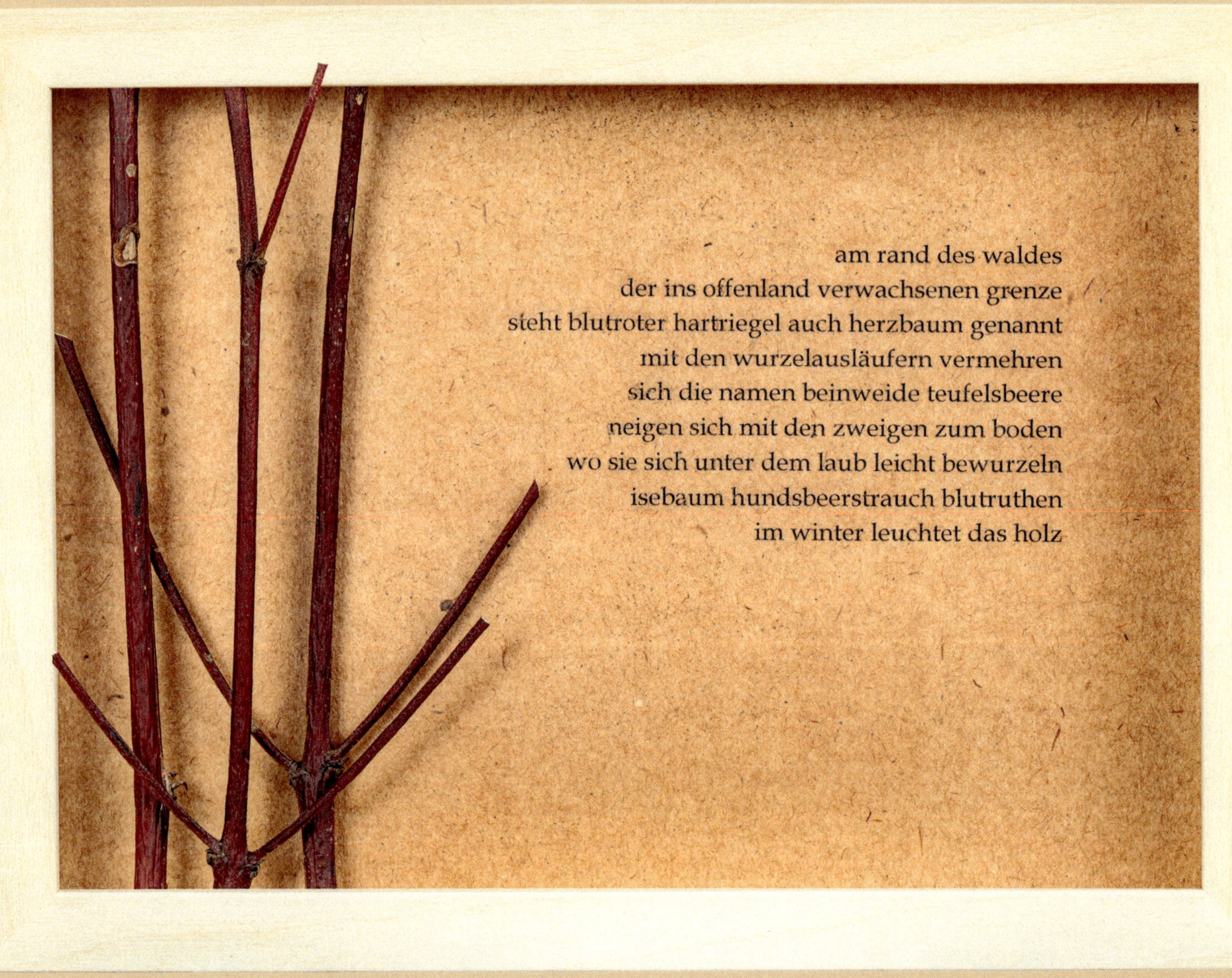
am rand des waldes
der ins offenland verwachsenen grenze
steht blutroter hartriegel auch herzbaum genannt
mit den wurzelausläufern vermehren
sich die namen beinweide teufelsbeere
neigen sich mit den zweigen zum boden
wo sie sich unter dem laub leicht bewurzeln
isebaum hundsbeerstrauch blutruthen
im winter leuchtet das holz

am rand des waldes
der ins offenland verwachsenen grenze
steht blutroter hartriegel auch herzbaum genannt
mit den wurzelausläufern vermehren
sich die namen beinweide teufelsbeere
neigen sich mit den zweigen zum boden
wo sie sich unter dem laub leicht bewurzeln
isebaum hundsbeerstrauch blutruthen
im winter leuchtet das holz

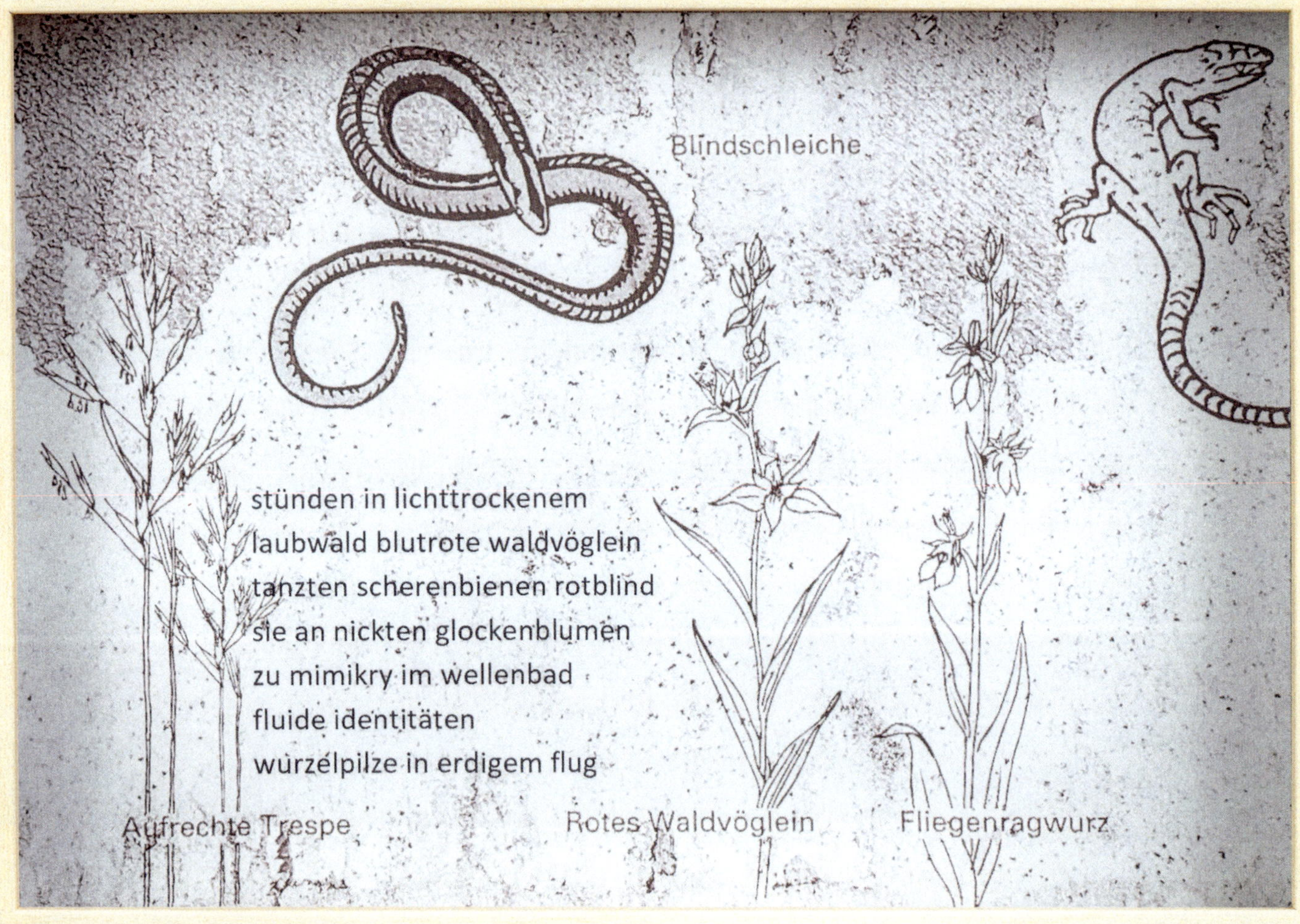
Blindschleiche
stünden in lichttrockenem
laubwald blutrote waldvöglein
tanzten scherenbienen rotblind
sie an nickten glockenblumen
zu mimikry im wellenbad
fluide identitäten
wurzelpilze in erdigem flug
Aufrechte Trespe
Rotes Waldvöglein
Fliegenragwurz

stünden in lichttrockenem
laubwald blutrote waldvöglein
tanzten scherenbienen rotblind
sie an nickten glockenblumen
zu mimikry im wellenbad
fluide identitäten
wurzelpilze in erdigem flug

nach leichtem frühlingsregen
umhüllt die sprießenden
blätter des ahorns
das japanische wort *moegi*
den mündern hinzugefügt
überfließende möglichkeiten
in dem einem wort

nach leichtem frühlingsregen
umhüllt die sprießenden
blätter des ahorns
das japanische wort *moegi*
den mündern hinzugefügt
überfließende möglichkeiten
in dem einem wort

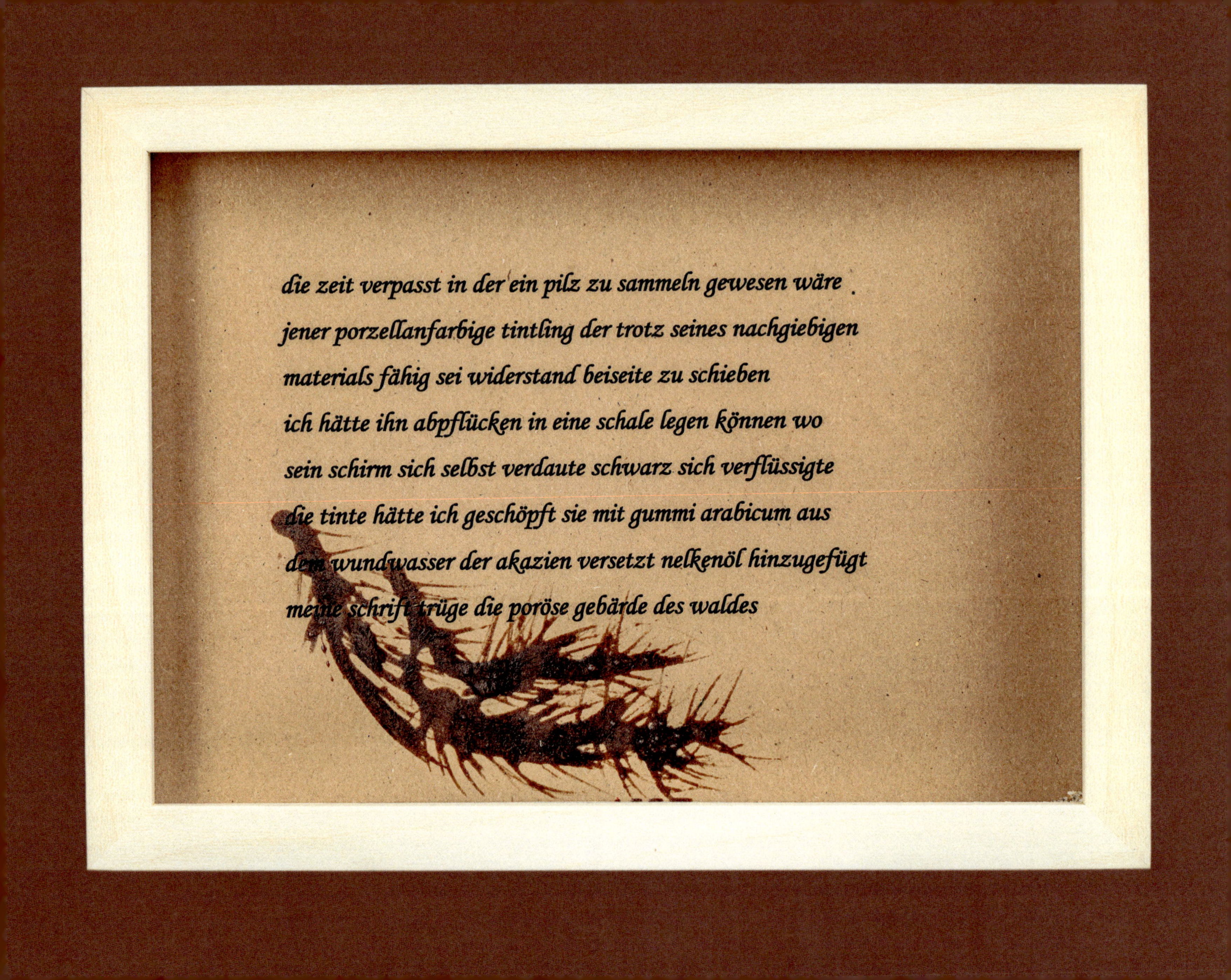

die zeit verpasst in der ein pilz zu sammeln gewesen wäre
jener porzellanfarbige tintling der trotz seines nachgiebigen
materials fähig sei widerstand beiseite zu schieben
ich hätte ihn abpflücken in eine schale legen können wo
sein schirm sich selbst verdaute schwarz sich verflüssigte
die tinte hätte ich geschöpft sie mit gummi arabicum aus
dem wundwasser der akazien versetzt nelkenöl hinzugefügt
meine schrift trüge die poröse gebärde des waldes

die zeit verpasst in der ein pilz zu sammeln gewesen wäre
jener porzellanfarbige tintling der trotz seines nachgiebigen
materials fähig sei widerstand beiseite zu schieben
ich hätte ihn abpflücken in eine schale legen können wo
sein schirm sich selbst verdaute schwarz sich verflüssigte
die tinte hätte ich geschöpft sie mit gummi arabicum aus
dem wundwasser der akazien versetzt nelkenöl hinzugefügt
meine schrift trüge die poröse gebärde des waldes

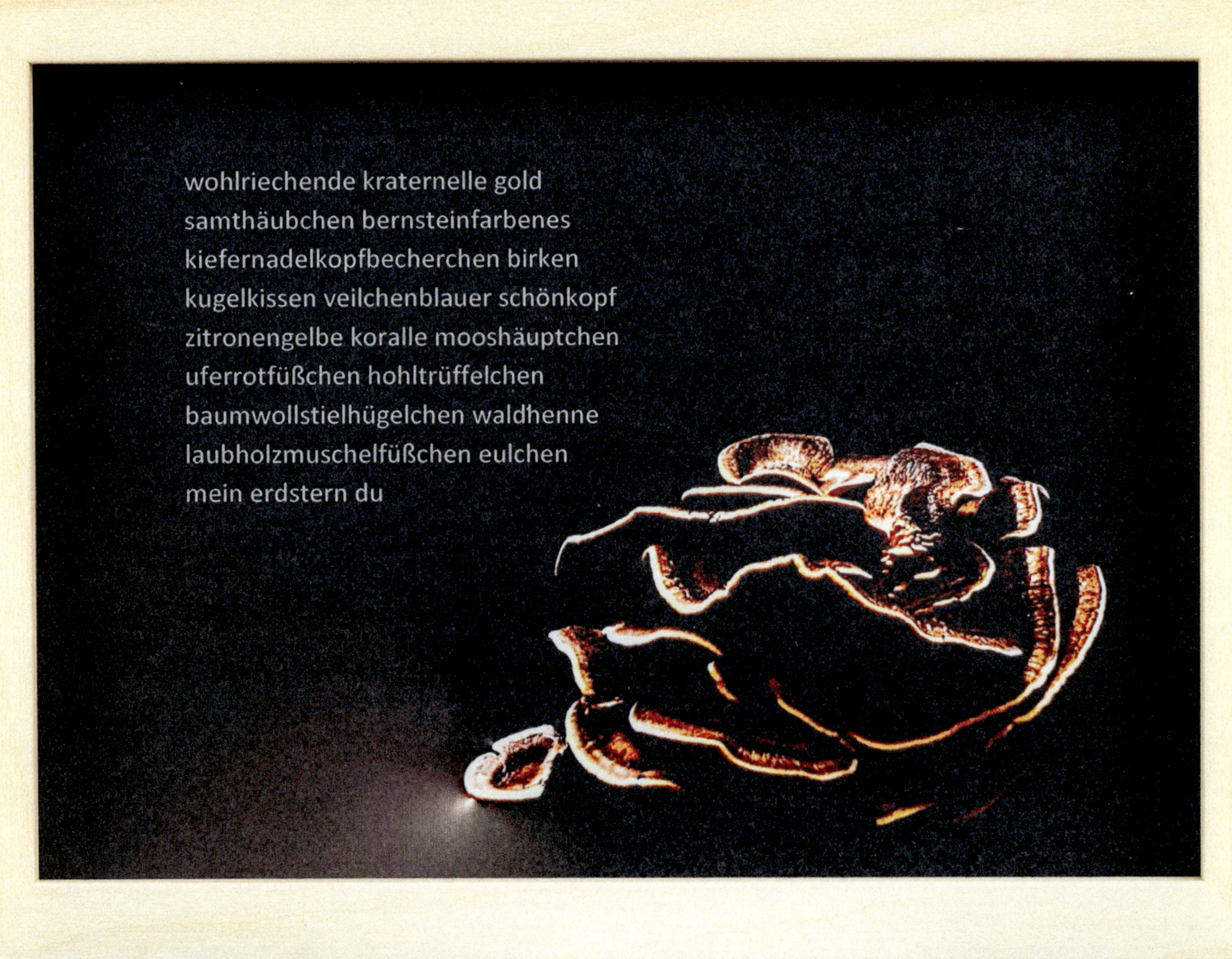
wohlriechende kraternelle gold
samthäubchen bernsteinfarbenes
kiefernadelkopfbecherchen birken
kugelkissen veilchenblauer schönkopf
zitronengelbe koralle mooshäuptchen
uferrotfüßchen hohltrüffelchen
baumwollstielhügelchen waldhenne
laubholzmuschelfüßchen eulchen
mein erdstern du

wohlriechende kraternelle gold
samthäubchen bernsteinfarbenes
kiefernadelkopfbecherchen birken
kugelkissen veilchenblauer schönkopf
zitronengelbe koralle mooshäuptchen
uferrotfüßchen hohltrüffelchen
baumwollstielhügelchen waldhenne
laubholzmuschelfüßchen eulchen
mein erdstern du

mit welchem namen dich begrüßen
unergründliche zwischen tier pflanze pilz
auf verrottendem holz kriechst du unsichtbar
pulsierend gelb veränderst deine gestalt
in labyrinthen findest du den kürzesten weg
merkst dir zeiträume vermagst zu zögern
morgen zur gleichen zeit
komme ich mit
haferflocken
wieder

mit welchem namen dich begrüßen
unergründliche zwischen tier pflanze pilz
auf verrottendem holz kriechst du unsichtbar
pulsierend gelb veränderst deine gestalt
in labyrinthen findest du den kürzesten weg
merkst dir zeiträume vermagst zu zögern
morgen zur gleichen zeit
komme ich mit haferflocken wieder

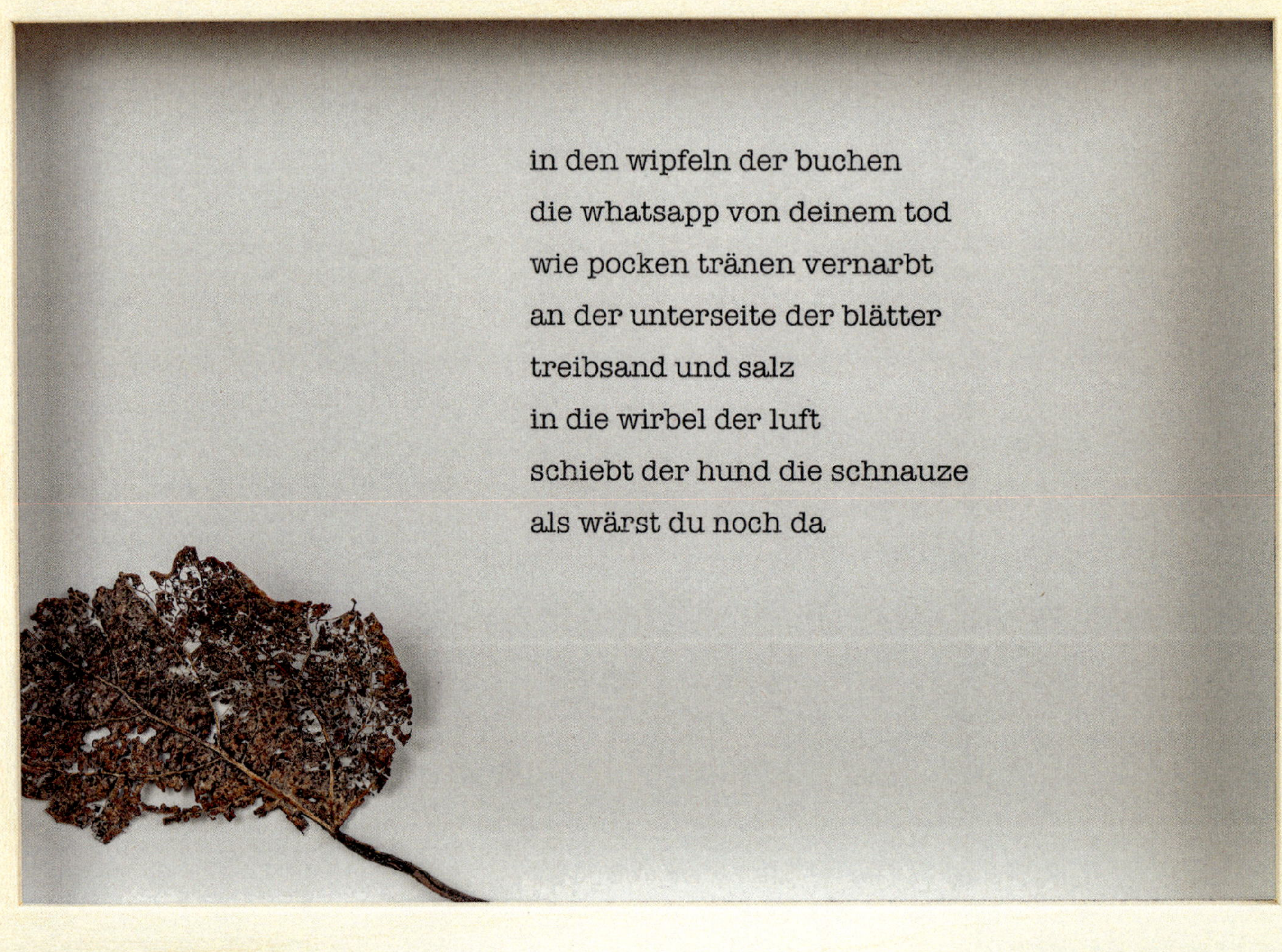
in den wipfeln der buchen
die whatsapp von deinem tod
wie pocken tränen vernarbt
an der unterseite der blätter
treibsand und salz
in die wirbel der luft
schiebt der hund die schnauze
als wärst du noch da

in den wipfeln der buchen
die whatsapp von deinem tod
wie pocken tränen vernarbt
an der unterseite der blätter
treibsand und salz
in die wirbel der luft
schiebt der hund die schnauze
als wärst du noch da

in der nähe des flusses atmen dunkelgekleidete frauen ins tiefrissige der kiefern dicht
an der innenseite fließt ihr hauch hinauf zu den wurzeln gestottert gesungen amen
um amen öffnen die blattmünder schließen die ausgerungenen hände ins harz

in der nähe des flusses atmen
dunkelgekleidete frauen ins tiefrissige
der kiefern dicht an der innenseite
fließt ihr hauch hinauf zu den wurzeln
gestottert gesungen amen um amen
öffnen die blattmünder schließen
die ausgerungenen hände ins harz

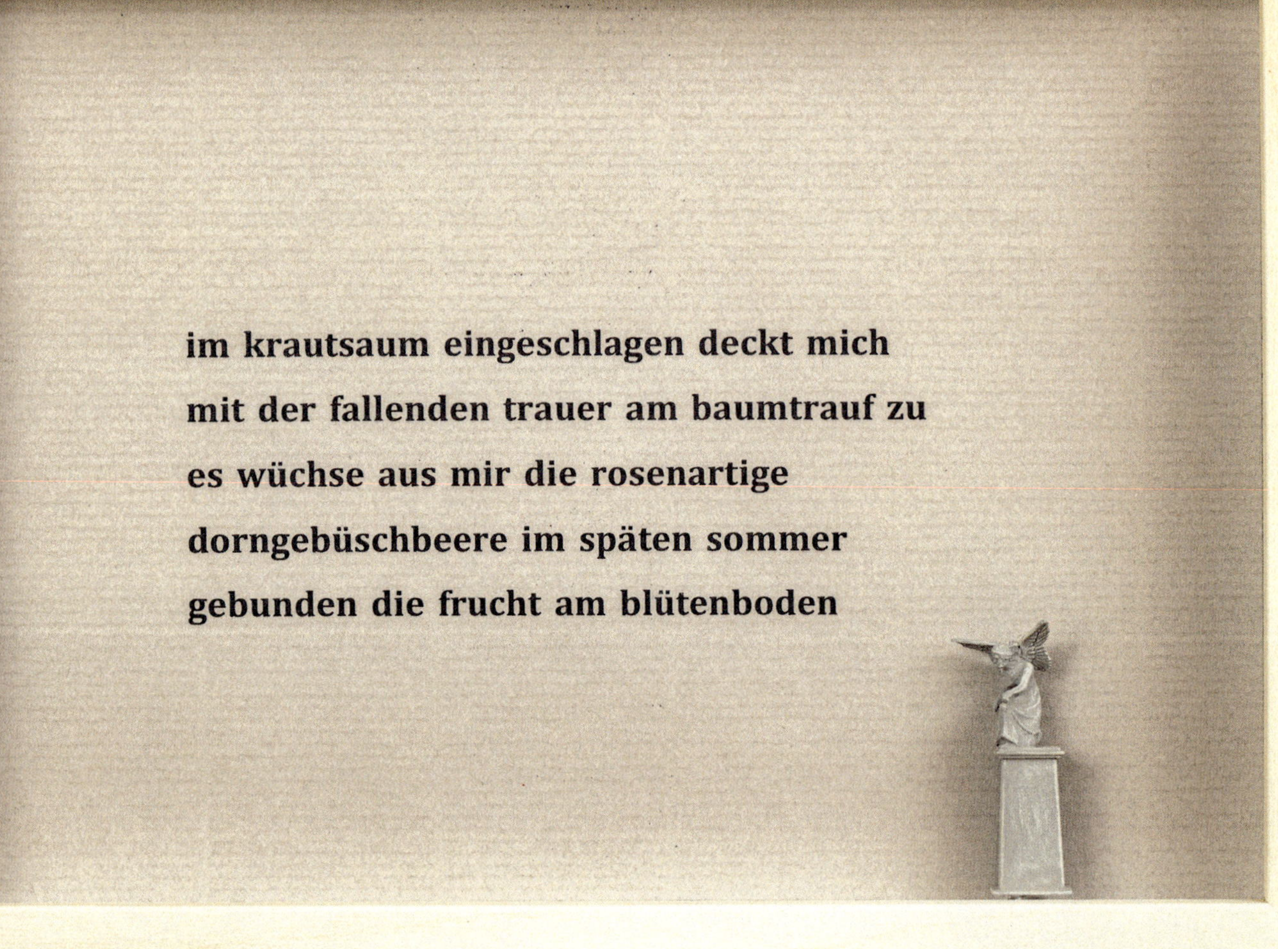
im krautsaum eingeschlagen deckt mich
mit der fallenden trauer am baumtrauf zu
es wüchse aus mir die rosenartige
dorngebüschbeere im späten sommer
gebunden die frucht am blütenboden

im krautsaum eingeschlagen deckt mich
mit der fallenden trauer am baumtrauf zu
es wüchse aus mir die rosenartige
dorngebüschbeere im späten sommer
gebunden die frucht am blütenboden

ein sarg aus sporen und sägemehl
schläft getrocknet bis du stirbst
auf frisches moos gebettet beginnt
die ummantelung zu leben nieder
gelegt auf ein blatt zwischen borke
und bast geschoben deine bitte
dich dem wald anheim zu geben
hinüber ins reich der myzele

ein sarg aus sporen und sägemehl
schläft getrocknet bis du stirbst
auf frisches moos gebettet beginnt
die ummantelung zu leben nieder
gelegt auf ein blatt zwischen borke
und bast geschoben deine bitte
dich dem wald anheim zu geben
hinüber ins reich der myzele

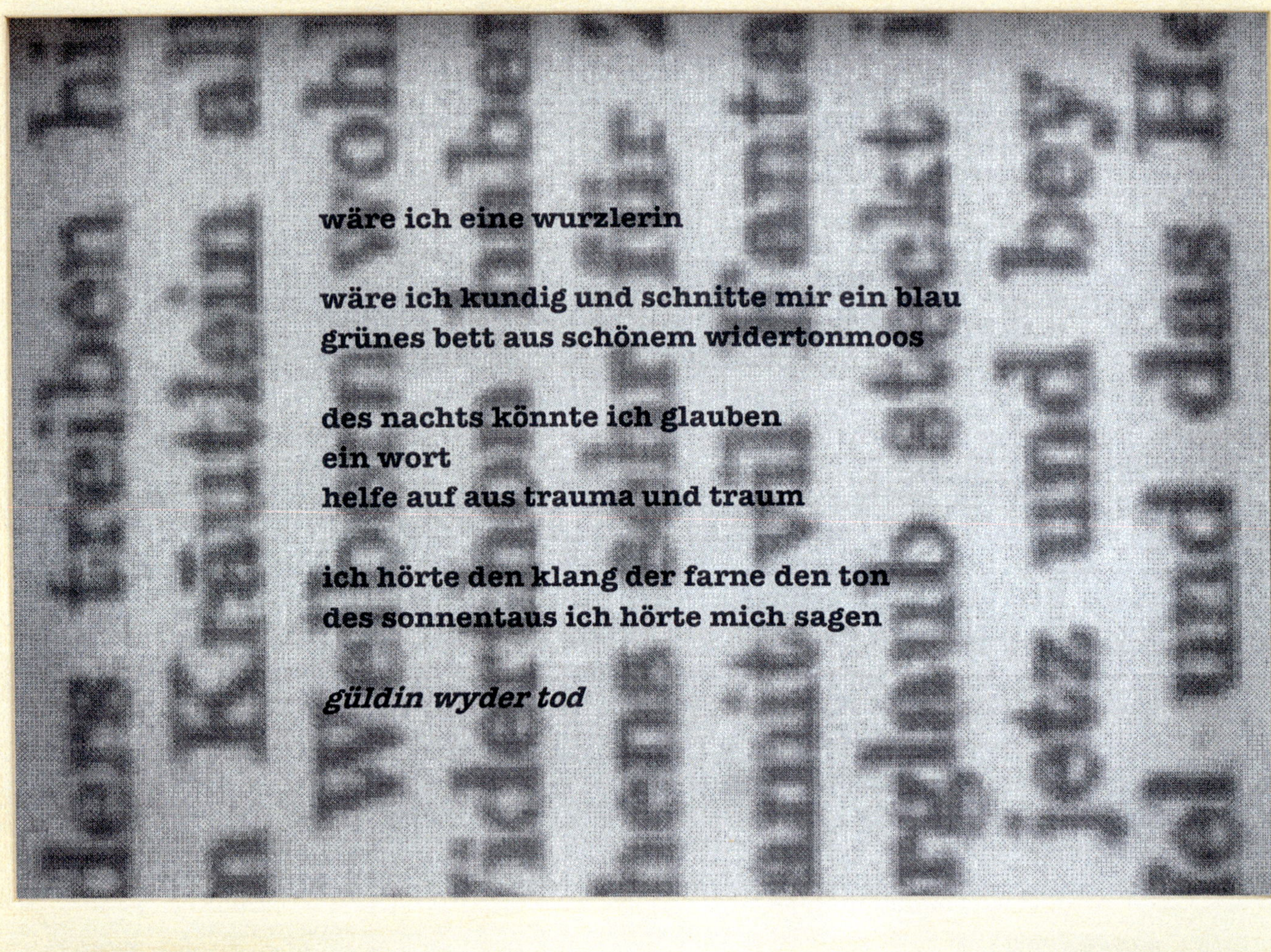
wäre ich eine wurzlerin
wäre ich kundig und schnitte mir ein blau
grünes bett aus schönem widertonmoos
des nachts könnte ich glauben
ein wort
helfe auf aus trauma und traum
ich hörte den klang der farne den ton
des sonnentaus ich hörte mich sagen
güldin wyder tod

wäre ich eine wurzlerin

wäre ich kundig und schnitte mir ein blau
grünes bett aus schönem widertonmoos

des nachts könnte ich glauben
ein wort
helfe auf aus trauma und traum

ich hörte den klang der farne den ton
des sonnentaus ich hörte mich sagen

güldin wyder tod

FRAGILE

Ein Teil der Collagen war in der Ausstellung »du lauschst dem lärmen der bäume« im Konschthaus in Schifflange (Luxemburg) vom 29.04. – 03.06. 2023 zu sehen. Die Ausstellung zeigte neben den »GedichteRahmen« von Ulrike Bail, Fotos von Vic Fischbach sowie Collagen und Installationen von Marie-Pierre Trauden-Thill.

Die Collagen sind – mit Ausnahme des Gedichtes *in der fichtenplantage* – in Originalgröße abgedruckt.

Die Gedichte »auf leuchtmoos legte ich« und »wo das sichellebermoos verschwand« waren im Jahrbuch der Lyrik 2023, hrg. v. Matthias Kniep und Sonja vom Brocke, Frankfurt am Main, Schöffling & Co. 2023 abgedruckt.

in der senke einer plantage
In Auseinandersetzung mit dem Gedicht »Jetzt rede du!« von Conrad Ferdinand Meyer (1825-1898).

in der fichtenplantage
Siehe Brockhaus Bilder-Conversationslexikon Bd. 1, Leipzig 1887, S. 289-299, Art: Borkenkäfer.

wenn ein tier ausstirbt
Siehe Marcel Robischon: Vom Verstummen der Welt. Wie uns der Verlust der Artenvielfalt kulturell verarmen lässt. München, oekom Verlag 2012, S. 58.

und als der frühling
In Anlehnung an das Bilderbuch von Sibylle v. Olfers: Etwas von den Wurzelkindern. Esslingen, Schreiber Verlag 1906, das bis heute nachgedruckt wird.

wenn der wald dunkel
Siehe Vossische Zeitung vom 03.04.1737.

wie sähen wir aus
In Anlehnung an das Bild »sie sind zu lange im wald geblieben« (zirka 1926) von Max Ernst (1891-1976), Saarlandmuseum Saarbrücken.

am strand stößt du auf ruhende tiere
Siehe https://www.azureazure.com/gastronomy/abalone-the-best-and-rarest-seafood-in-the-world-shellfish (Stand: 10.08.2023).

wo das sichellebermoos verschwand
Siehe Helmut Genaust: Etymologisches Wörterbuch der botanischen Pflanzennamen. Dritte, vollständig überarbeitete und erweiterte Ausgabe, Hamburg, Nikol Verlag 2012.

wäre ich eine wurzlerin
Das Goldene Frauenhaarmoos wurde im Kleinen Destillierbuch des Hieronymus Brunschwig »Güldin wyder tod« (Goldenes gegen den Tod) genannt. Siehe Hieronymus Brunschwig, Kleines Destillierbuch. Straßburg 1500, Blatt 120r.

In *Die Wurzeln der Welt: Eine Philosophie der Pflanzen* schreibt der italienische Philosoph Emanuele Coccia:

Die Pflanze lässt sich – *sei es physisch oder metaphysisch* – von der Welt, die sie beherbergt, nicht trennen. Sie ist die intensivste, die radikalste und paradigmatischste Form des In-der-Welt-Seins. Die Pflanze verkörpert die engste, die elementarste Verbindung, die das Leben zur Welt knüpfen kann. Und auch das Gegenteil trifft zu: Sie ist das klarste Observatorium, um die Welt in ihrer Gesamtheit zu beobachten.[1]

Liest man Ulrike Bails Gedichte in *im halblichten geäst deines atems* wird einem jedoch schnell klar, dass Beobachtung und In-der-Welt-Sein nicht gegensätzlich sind, sondern durch den dichterischen Blick und das Schreiben vereint werden. Bails poetische und aktive Betrachtung des Waldes, seiner Tiere, Bäume, Pflanzen und Myzelien, erfasst die Welt als Ganzes. Sie verankert, ohne sich der Vergangenheit und der Zukunft zu verschließen, und flüstert somit das Versprechen, Teil dieser Gesamtheit zu werden, In-der-Welt zu sein. Von allen Lebensformen verkörpert der Pilz zweifellos am stärksten diese »fluiden Identitäten« (S. 73), die, wie alle geheimnisvollen Organismen, auch eine Herausforderung für die dichterische Sprache selbst sind: »mit welchen namen dich begrüßen / unergründliche zwischen tier pflanze pilz« (S. 81). Tatsächlich dominiert im Lyrikband ein fragender Blick – »ich befragte das moos« (S. 59) –, der nicht versucht, anthropozentrische Bilder und Verbindungen herzustellen, sondern das Nicht-Menschliche als Sinn- und Antwortquelle betrachten will. So blühen in der Momentaufnahme der Beobachtung Billionen von Jahren der Evolution des Lebens auf: »was plankton vom wald erzählt« (S. 49). So kann in der Betrachtung eines Details, wie z. B. der Birkenrinde im GedichteRahmen S. 68, eine Schneelandschaft verborgen liegen.

Mit dem Epigraph knüpft *im halblichten geäst deines atems* an die poetischen Stadtfahrten mit Bus und Tram an, zu denen Ulrike Bail in *statt einer ankunft* (St. Ingbert, Conte Verlag 2021) eingeladen hatte, und die am luxemburgischen Bambësch endeten. Die neuen Gedichte bestehen aber nicht nur aus Tinte und Papier: Ulrike Bail nennt sie »GedichteRahmen«, Bildkästen, die ein Ganzes bilden und zu einer Leseerfahrung einladen, die mit der multisensorischen Entdeckung des Waldes in Resonanz steht. Diese kleinen Collagen, die häufig aus natürlichen Materialien wie Kiefernnadeln oder Sägemehl bestehen, sind nicht unveränderlich: Risse entstehen, Flecken bilden sich, Äste lösen sich ab (siehe z. B. S. 88). Obwohl diese Entwicklung Bail zufolge unvorhergesehen war, zeigt sie, dass die Berufung dieser Dichtung nicht darin besteht, die Zeit anzuhalten, um das Lebende oder die Erinnerung hinter Glas zu konservieren, sondern die ewige Veränderung bis zum unvermeidlichen Verschwinden zu begleiten. Tröstend wird dieser Prozess nicht als Tod, sondern als unveränderlicher Naturkreislauf wahrgenommen.

Ulrike Bails Gedichte berufen sich sowohl auf kulturelle Vernetzungen, auf Entdeckungen in Wörterbüchern (S. 63) als auch auf die konkrete und alltägliche Erfahrung des Waldes. Sie decken so die vielfältigen, teils harmonischen und teils konfliktreichen Beziehungen des Menschen zur Natur auf. Dies zeigt sich zunächst in der dichterischen Behandlung der biologischen Nomenklatur, wenn ein Käfer, der Nadelbäume schädigt, zum Chronisten einer viel tieferliegenden Katastrophe wird: »*ips typographus* werden jene drucker genannt / die im harzfluss zwischen borke und stamm / ihre *frasz zeichen* setzen als sterbebegleiter / wissen sie um die wendung und auch im totholz / erklingt die stimmgabel in deren nachklang / du die linien liest« (S. 13). Mehrsprachigkeit, charakteristisches Merkmal der luxemburgischen Literatur, wird mobilisiert, um kulturelle Besonderheiten bei der Beschreibung der natürlichen Welt hervorzuheben, da jede Sprache ein anderes Bild ein und derselben Pflanze vermittelt: »*impatiens parviflora* / balsamine à petite fleurs / kleinblütiges springkraut / kräitche réier-mech-net-un« (S. 31). Die Faszination für Sprachen, die das Natürliche beschreiben, geht aber weit über den lokalen Rahmen des kleinen Landes in der Mitte Europas hinaus: Das lyrische Ich staunt ebenso über die Klänge, die das japanische Wort *moegi* bietet (S. 75). Dasselbe gilt für die Fachsprache der Forstwirtschaft, die als Gegenspielerin der poetischen Sprache erscheint: Wie weit ist die S. 21 beschriebene »Baumansprache« von der kommunikativen Einheit entfernt, die durch das Gedicht angestrebt wird? Poesie entlarvt jene Brutalität, die den Wald auf eine nutzbare Ressource zu reduzieren versucht: »wohin sich wenden / wenn die erdlöcher der füchse / verschüttet der wald erschlossen / für schweres gerät« (S. 25).

Werden Naturbeschreibungen traditionell als Mittel zur Erfassung des Augenblicks angesehen, so erforscht Bails Dichtung ebenfalls das Vergehen der Zeit, sowohl durch intime Aufzeichnungen – »zerreibe ich die nadeln einer douglastanne / in der hand stellt sich mein vater neben / mich« (S. 33) – als auch durch historische Erinnerungen, wie die an die Massaker, die von Nazi-Deutschland verübt wurden: »in die fichten und kiefern bei piaśnica / schlügen bei gewitter oft blitze ein / das metall der gewehrkugeln / die noch in den stämmen steckten / zöge sie an« (S. 55). In der dichterischen Betrachtung spiegeln sich die jahrhundertealten polnischen Wälder in den jungen Wäldern, die die ehemaligen Minenstandorte an der luxemburgischen Minette wiederbevölkern.

im halblichten geäst deines atems lehnt jede geschwätzige Feier der Naturschönheit ab und erfasst die – heute tragische – Erfahrung der Natur. Dies geschieht zum Teil in Bezug auf das Erlebnis des Tierblickes, den Jacques Derrida in *Das Tier, das ich also bin* beschreibt: Der Philosoph wird nackt vom Blick seiner Hauskatze überrascht, schämt sich und hinterfragt diese Scham sowie die Beziehung zwischen Mensch und Tier: Wer bin ich, wenn anthropozentrische Maßstäbe wie Sprache und Rationalität dekonstruiert sind?[2] Spinnt man Derridas Überlegungen mit Bails Beobachtungen und Bildern weiter, so wird menschliche Identität durch den globalen Ökozid noch stärker infrage gestellt, da das Tier, das dem Menschen einen Spiegel bietet, nicht mehr da ist: »wenn ein Tier ausstirbt, ohne dass wir es gekannt haben ein nachtfalter zb dessen flügelschlag unsere netzhaut nie berührte pupillen in denen wir uns nie gespiegelt sahen« (S. 15). Begreift der Mensch sein eigenes Dasein erst durch den Blick des Tieres, drückt das Verschwinden der kleinsten Motte jenes Menschliche aus, das für immer verloren ist, wenn das Lebende erlischt.

Welchen Beitrag kann Poesie also leisten? Vielleicht wirkt diese Form von Schreiben und Lesen in erster Linie, wenn es darum geht, die »Krise der Sensibilität«, von der der französische Philosoph und Fährtenleser Baptiste Morizot schreibt, zu kontern: »When the living world falls outside the field of collective and political attention, outside the field of what is deemed important, then a crisis of sensibility is triggered [by which] I mean an impoverishment of what we can feel, perceive, and understand of living beings, and the relations we can weave with them […].«[3] Die dichterische Befragung der Welt in *im halblichten geäst deines atems* gibt den Leser.innen keine klaren Antworten, sondern will ihre Sensibilität erschüttern und ein Bewusstsein schaffen für die Bedeutung, die Pflanzen und Tiere in allen ökologischen und symbolischen Prozessen einnehmen.

Sébastian Thiltges
Literaturwissenschaftler

1 Emanuele Coccia: Die Wurzeln der Welt: eine Philosophie der Pflanzen. Aus dem Französischen von Elsbeth Ranke. München, Hanser 2018, S. 18.

2 Jacques Derrida: Das Tier, das ich also bin. Aus dem Französischen von Markus Sedlaczek. Wien, Passagen Verlag 2010.

3 Baptiste Morizot: Ways of Being Alive. Aus dem Französischen von Andrew Brown. Cambridge, Polity Press 2022, S. 5-6.

DIE GEDICHTE

Ulrike Bail,
geboren in Metzingen (Deutschland), studierte evangelische Theologie und Germanistik. Sie promovierte und habilitierte sich an der Ruhr-Universität Bochum. Seit 2005 lebt sie in Luxemburg und arbeitet als Schriftstellerin. Sie verfasste mehrere Lyrikbände, zuletzt »wie viele faden tief«, inspiriert von der Kunst des Nähens, und »statt einer ankunft«, in dem es um die Bus- und Tramhaltestellen der Stadt Luxemburg geht.

Ihre Lyrik wurde mehrfach ausgezeichnet. 2021 wurde ihr der renommierte Prix Servais, der für das bedeutendste literarische Werk des Vorjahres vergeben wird, überreicht. Einige ihrer Gedichte wurden ins Französische, Englische, Niederländische, Russische und Arabische übersetzt.